초등학생의 진로와 직업 탐색을 위한
잡프러포즈 시리즈 08

성우는 어때?

차례

CHAPTER 01 성우 김지혜의 프러포즈

- 성우 김지혜의 프러포즈 ⋯ 15

CHAPTER 02 성우는 누구인가요?

- 성우는 목소리 연기자 ⋯ 19
- 시대에 따라 성우의 연기도 달라져요 ⋯ 21
- 유명한 성우는? ⋯ 22

CHAPTER 03 성우가 만드는 목소리의 세계

- 성우를 탄생시킨 라디오 드라마 ⋯ 27
- 우리말로 듣는 외국영화 ⋯ 30
- 재미있는 애니메이션 캐릭터 ⋯ 32
- 프로그램을 이끌어가는 내레이션 ⋯ 34
- 다양한 매체의 목소리 ⋯ 35

CHAPTER 04 성우가 되려면?

- 타고난 목소리가 아니어도 괜찮아요 … 39
- 건강한 목소리와 정확한 발음은 필수 … 41
- 감정 표현을 부끄러워하지 말아요 … 42
- 연기를 잘하고 싶다면 읽고, 또 읽기 … 43
- 어떤 전공도 상관없어요 … 44
- 성우 공채시험에 도전! … 45
- 한국성우협회 정회원으로 등록하면 나도 성우! … 46

CHAPTER 05 성우의 매력

- 취미를 직업으로 … 51
- 대중의 인기는 덤으로 얻어요 … 52
- 젊게, 즐겁게 살아요 … 53
- 솔직하고 꾸밈없는 매력 … 54

CHAPTER 06 성우의 하루

- 아침 8시: 가벼운 발성 연습 … 59
- 아침 10시: 애니메이션 녹음 … 60
- 낮 1시: 외국영화 더빙 … 61
- 낮 4시: 초등학교 더빙체험 교실 … 62
- 밤 6시: 집에서 아이들과 함께 … 63

성우의 마음가짐

- ☺ 자유롭게 일하는 프리랜서 … 67
- ☺ 감정 변화가 빨라서 오해를 받기도 … 69
- ☺ 과장된 표현? 아니, 정직한 표현! … 70
- ☺ 건강한 목소리는 건강한 몸에서 … 72
- ☺ 최신 드라마, 영화를 보며 연기의 흐름을 익혀요 … 73

성우의 미래

- ☺ 성우에서 연기자로 … 77
- ☺ 끝까지 성우! … 79
- ☺ 미래에도 꼭 필요한 직업 … 80
- ☺ 성우의 상상은 현실이 된다 … 82

성우 김지혜를 소개합니다

- ☺ 동화 테이프를 들으며 녹음하고 놀았어요 … 87
- ☺ EBS 라디오 음악방송 출연 … 88
- ☺ 청소년 시절은 성실하고 책임감 있게 … 89
- ☺ 대학 방송국 아나운서가 되다 … 90
- ☺ 용감한 도전, 아름다운 실패! … 92
- ☺ 마침내 꿈을 이루다 … 94
- ☺ 프리랜서의 길 … 96
- ☺ 김지혜가 연기한 캐릭터 … 98
- ☺ 성우 아카데미 운영 … 100
- ☺ 방과 후 어린이 성우교실도 운영해요 … 102
- ☺ 성우 김지혜의 또 다른 꿈 … 104

10문 10답 Q&A

- ☺ Q1. 외국영화를 더빙할 때 어울리는 목소리가 따로 있나요? … 109
- ☺ Q2. 모든 나라에 성우라는 직업이 있나요? … 110
- ☺ Q3. 성우의 활동이 많은 나라는? … 111
- ☺ Q4. 어린이 성우도 꼭 필요한가요? … 112
- ☺ Q5. 연기자의 연기와 성우의 연기는 다른가요? … 113
- ☺ Q6. 성우는 일인다역을 꼭 해야 하나요? … 114
- ☺ Q7. 성우의 수입은 얼마나 되나요? … 115
- ☺ Q8. 성우 팬클럽도 있나요? … 117
- ☺ Q9. 성우를 하면서 당황했던 일은? … 118
- ☺ Q10. 자녀들에게도 권하는 직업인가요? … 119

나도 성우

- ☺ 나도 성우 … 122

방송사별 성우 시험 엿보기

- ☺ EBS … 136
- ☺ 대원방송 … 137
- ☺ 투니버스 … 138
- ☺ KBS … 139

성우 김지혜의 프러포즈

안녕하세요. 저는 성우 김지혜입니다. 처음 성우가 되고 싶다는 꿈이 생긴 건 초등학교 2학년 때였어요. 꿈을 이루고 싶은 간절한 마음을 품고, 꿈을 이루겠다는 강렬한 의지로 노력한 덕분에 오늘 이렇게 성우로 여러분을 만나게 되었어요.

성우는 목소리로 연기하는 사람이에요. 영화와 애니메이션의 등장인물이 되고, 광고 속 주인공이 되어 캐릭터의 생각과 감정을 목소리 연기로 전달해요. 연기를 통해 다양한 사람들의 인생을 살아보고, 여러 감정을 체험하는 멋진 일이죠.

이렇게 많은 캐릭터를 연기하는 성우가 되기 위해서는 다양한 사람들의 삶을 이해하고 무수히 많은 감정을 공감할 수 있는 연기자가 되어야 해요. 더불어 내 목소리를 통해 영혼을 전할 수 있는 전달자가 되어야 하죠. 매우 어려운 일이지만, 그래서 더 즐겁고 가치 있는 일이 아닐까 생각해요.

　성우는 되고 싶은데 예쁜 목소리가 아니라 걱정이라고요? 성우는 단순히 예쁘게 말하는 사람이 아니라 건강한 목소리로 생각과 영혼을 담아 말하는 사람이에요. 성우를 꿈꾸는 여러분, 목소리에 영혼과 메시지를 담아 전달할 수 있도록 노력해보세요. 아마 지금 활동하고 있는 성우보다 훨씬 더 훌륭한 성우가 될 수 있을 거예요.

　목소리를 통해 세상을 알아가고, 다른 사람이 되는 경험을 하고 싶다면 도전하세요! 어린이 여러분이 알고 싶고, 되고 싶은 성우의 세계로 초대합니다.

2장에서는?

'앗! 어디선가 들어본 목소리인데~' 애니메이션을 보면 우리 귀에 익숙한 목소리들이 있어요. 이렇게 재미있게 캐릭터를 연기하는 사람들은 누구일까요? 유명한 성우들은 또 누가 있을지 궁금해요.

성우는 목소리 연기자

성우를 영어로 Voice Actor라고 해요. 목소리 연기자라는 뜻이에요.

성우의 역사는 라디오의 역사와 함께해 왔어요. 1927년에 경성방송국이 라디오 방송을 처음 시작했는데 그때는 일본어 방송만 있었어요. 1933년에 조선어로 라디오 드라마가 방송되면서 목소리로 연기하는 사람들이 생겼죠.

라디오 방송극은 해방 후에 전성기를 맞이했어요. 당시에는 '방송극연구원' 또는 '방송요원'이라고 했다가 1953년부터 성우로 부르게 되었죠. 서울중앙방송국(현재 KBS)에서 최초로 성우 공개 채용을 했을 때예요.

1960년대 각 방송사들이 한 해 평균 150여 편의 라디오 드라마를 내보냈을 정도니까 라디오 드라마의 인기가 얼마나 높았는지 알 수 있어요. 당시 성우는 대중의 사랑을 듬뿍 받는 스타였죠.

1980년대 TV가 많이 보급되고 나서 라디오 방송극이 점점 줄어들었어요. 대신에 외국영화와 애니메이션의 더빙을 많이 하게 되었지요. 요즘엔 다큐멘터리 내레이션과 동화, 오디오북, 온라인 게임 캐릭터 더빙, e-러닝, 광고, 각종 안내방송도 대부분 성우가 녹음하고요.

　사회가 변화하면서 성우가 담당하는 분야가 조금씩 달라지고, 새로운 영역으로 그 범위가 넓어지고 있는 것 같아요. 그만큼 목소리 연기자를 찾는 곳이 많다는 거겠죠.

만화 더빙중인 김지혜 성우

시대에 따라 성우의 연기도 달라져요

　TV 드라마를 보면 젊은 연기자들과 나이 든 연기자들이 하는 연기에 차이가 있어요. 젊은 연기자가 확실히 더 감각적이고 자연스럽게 연기하죠. 꾸밈이 없어요.

　성우 연기도 마찬가지예요. 예전에는 멋진 목소리에 힘을 주는 연기를 했는데 요즘에는 영화나 드라마처럼 자연스럽게 연기해요. 가장 큰 변화는 애니메이션에서 어린아이를 연기하는 거예요. 보통 성인 여자 성우가 여자아이나 남자아이 역할을 하는데 진짜 아이가 하는 것처럼 자연스러워야 해요. 심지어 어린이를 캐스팅할 만큼 최대한 현실에 가까운 목소리 연기를 더 찾아요.

 ## 유명한 성우는?

　어린이들은 잘 모르겠지만 제가 어렸을 땐 TV에서 외국영화와 외국 드라마를 많이 방영했어요. 시청률도 아주 높았죠. 당시에 외화의 주인공을 거의 도맡아 했던 장유진, 송도영, 주희, 양지운, 유강진, 김세한 등의 성우님들이 유명했어요. 그중에 <V(브이)>라는 외계인이 나오는 미니 시리즈가 있어요. 거기서 충격적인 장면을 선보였던 다이애나 역할을 이경자 성우님이 맡았는데, 제가 아주 좋아했어요.

　<맥가이버>라는 미국 드라마도 빼놓을 수 없어요. 주인공 맥가이버 역할을 맡은 성우가 배한성 선배님이었어요. 그땐 맥가이버를 연기하는 배한성 선배님의 독특한 말투를 누구나 따라 할 정도로 전 국민에게 인기가 있었죠.

　그 후에 <X-파일>이라는 드라마에서 스컬리 역학을 맡았던 서혜정 성우님과 멀더 역할을 했던 이규화 성우님도 정말 유명했어요. 아직까

지도 그 캐릭터로 사랑받고 있을 정도죠.

또 <짱구는 못말려>의 짱구 역할을 하는 박영남 성우님과 <키트>라는 영화에서 키트를 연기했던 이정구 성우님도 성우계의 신화로 남을 분들이에요.

예전에 더빙한 외국 드라마와 영화가 인기를 끌었을 때 활동했던 성우님들은 배우나 가수 못지않게 대중의 사랑을 많이 받는 스타였어요.

목소리 연기로 사람들을 웃기고 울리는 성우들

3장에서는?

우리가 방송에서 매일 듣는 목소리의 주인공이 성우라는 걸 알고 있나요? 애니메이션이나 영화 말고도 성우의 목소리가 필요한 곳이 많다고 해요. 듣고도 지나쳤다면 어디에서 성우의 목소리를 들을 수 있는지 알아보아요.

성우를 탄생시킨 라디오 드라마

성우의 출발은 라디오 드라마였어요. 목소리 연기자라는 이름에 걸맞은 일이죠. 녹음 기술이 발달하지 않았을 때는 라디오 드라마를 생방송으로 했어요. 성우들이 문 여는 소리나, 음식 하는 소리 같은 효과음도 직접 하던 시절이었죠. 요즘엔 그런 소리는 효과음으로 따로 넣어서 방송해요.

라디오 드라마를 제작하는 과정을 소개할게요. 먼저 드라마 대본을 이메일로 받아요. 각자 받은 대본을 확인하고 난 다음에 모든 성우가 한자리에 모이죠. 녹음하기 전에 캐릭터를 어떻게 연기할까 의논하고 바로 대본을 읽어요. 이때는 실제 녹음하는 것과 똑같이 연기해요. 연습은 딱 한 번만 하거든요. 그러니까 연습에 참여하기 전에 미리 집에서 자기 대본을 읽고 연습해 가야 해요. 연습할 때는 상대 배역과 호흡도 맞추고, 상황마다 움직이는 방향도 정하고, PD가 생각하는 캐릭터와 성우가 연기하는 캐릭터가 잘 맞는지도 함께 의논해요.

연습이 끝나면 바로 녹음을 해요. 배우처럼 대사를 외우고 분장하고 장소를 이동하는 게 없으니까 매우 빠르게 진행돼요. 라디오 드라마는 성우의 목소리 말고도 문이 닫히는 소리나 자동차 엔진 소리 같은 효과음이 들어가니까 호흡을 잘 맞추는 것도 중요하죠.

아산문화재단주최 성우라이브더빙쇼 공연후 KBS 성우들과 함께

라디오 드라마를 생방송으로 진행하고,
목소리로 효과음도 척척 낼 만큼
성우는 뛰어난 목소리 연기자예요.
생방송이 드문 요즘에도
연습은 한 번만 하고 바로 녹음에 들어가죠.
성우는 언제 어디서나 목소리만으로
연기할 준비가 되어있답니다.

우리말로 듣는 외국영화

외국영화를 우리말로 더빙하게 되자 누구나 집에서 편하게 영화를 즐길 수 있게 되었어요. 외국어를 알아듣지 못해도, 자막을 읽지 못해도 여러 나라의 영화를 볼 수 있다는 건 대단히 즐거운 일이니까요.

예전엔 외국영화를 더빙할 때 성우들이 방송국 시사실에 모여 함께 영화를 보며 연습했어요. 경험이 부족한 후배 성우들은 비디오카메라로 영상을 찍어가 집에서 혼자 연습하기도 했죠. 그런데 요즘엔 개인 이메일로 영상과 대본을 미리 전달받아요. 집에서 혼자 연습하고 녹음하는 날 다 같이 모이죠.

각자 맡은 역할은 충분히 연습해 와야 해요. 여러 명이 한꺼번에 녹음실에 들어가 녹음하니까 실수를 하면 NG가 많이 나고 시간이 많이 들어요. 특히나 대사가 많고 여러 명이 동시에 말하는 장면은 입을 정확히 맞추어 더빙하기가 어려워서 더 많은 연습이 필요하죠. 아주 복

잡한 장면은 한 명씩 따로 녹음해서 편집하기도 해요.

　코로나 이후엔 여럿이 함께 녹음하지 않고 1~3명씩 따로 나누어서 녹음하는 방식으로 바뀌게 되었어요. 그래서 예전보다 더빙하는 시간이 좀 적게 걸려요. 시간이 적게 걸리는 건 좋지만 함께 모여 연기할 때가 서로 호흡을 잘 맞출 수 있었던 것 같아요.

외화 더빙하는 성우들

재미있는 애니메이션 캐릭터

　요즘 아이들은 라디오 드라마와 더빙한 외국영화는 잘 몰라도 애니메이션의 캐릭터는 잘 알아요. 그걸 연기하는 사람이 성우라는 것도요. 그래서 성우를 좋아하는 팬들도 꽤 있는 것 같아요.

　애니메이션에서 성우의 역할은 매우 중요해요. 국내에서 제작한 애니메이션을 더빙하는 것과 외국에서 수입한 애니메이션을 더빙하는 건 조금 다른데요. 외국 애니메이션은 외국영화를 더빙하는 것과 똑같이 이미 녹음되어있는 외국 성우처럼 연기하면 돼요. 국내에서 제작한 애니메이션의 경우는 처음부터 성우가 참여해서 캐릭터를 만들어요. 새로운 캐릭터를 창조하는 데 목소리가 중요한 역할을 하거든요. 그래서 작품이 완성되기까지 시간도 오래 걸리고 준비하는 과정이 훨씬 까다롭죠.

　어떤 작품은 성우의 목소리로 먼저 오디오 녹음을 한 다음에 영상을 만들기도 해요. <마당을 나온 암탉>의 경우가 그랬어요. 처음엔 라디오 드라마처럼 녹음하고 2년 후에 영상이 만들어져서 다시 더빙했어요. 그런데 2년이라는 시간 때문에 문제가 생겼어요. 처음에 유승호 배우가 주인공 초록이의 어린 시절을 맡았는데, 그때는 중학생이었을 때라 청소년 목소리가 잘 어울렸어요. 그런데 2년 후의 목소리는 너무 어른스러워진 거예요. 그래서 어쩔 수 없이 초록이의 어린 시절 목소리를 제가 대신했죠. 제작 기간이 오래 걸리는 작품은 이런 일이 생기기도 해요.

슈퍼윙스 캐릭터

프로그램을 이끌어가는 내레이션

다큐멘터리 내레이션은 작품의 분위기와 잘 어울리는 성우의 음색이 매우 중요해요. 부드럽고 따뜻한 음색인가, 밝고 명랑한 음색인가, 진지하고 무거운 음색인가에 따라 프로그램의 전체적인 분위기가 결정되니까요. 보통은 PD가 캐스팅 단계에서 프로그램과 어울리는 목소리를 가진 성우를 선택해요. 그리고 좀 더 세심하게 프로그램에 어울리는 목소리 분위기에 대해 의논하는 과정을 거쳐 더빙에 들어가죠.

다큐멘터리 내레이션은 영상에 입을 맞추지 않아도 되니까 사람이 나오는 영화나 애니메이션 더빙에 비해 어렵지 않아요. 처음부터 끝까지 다큐멘터리의 분위기를 잘 이끌어 갈 수 있도록 목소리 이미지를 잘 유지하면 돼요.

다양한 매체의 목소리

요즘엔 다양한 곳에서 성우를 찾아요. 매체 광고, 교통안내방송, 제품소개, ARS의 음성 녹음, 게임이나 오디오북, 오디오 웹 드라마, 교육 콘텐츠를 만들 때 성우가 참여해요.

안내방송이나 제품소개, ARS 등은 한 번 녹음한 것을 반복적으로 사용하죠. 그래서 많이 들어도 질리지 않게 깔끔하고 건조한 목소리로 녹음해요. 또 사람들에게 잘 전달되어야 하니까 귀에 쏙쏙 들어오게 하는 게 중요하고요.

게임의 경우 성우의 활약이 두드러져요. 새로운 캐릭터를 만들어내는 일이라 여러 사람과 의논도 많이 하고 새로운 시도도 하죠. 요즘엔 애니메이션 주인공보다 게임 속 캐릭터를 연기하는 성우의 인기가 높은 경우도 있더라고요.

4장에서는?

성우가 되려면 어떤 목소리를 가지고 있어야 하는지, 어떻게 공부하면 성우가 될 수 있는지 궁금하다고요? 성우로 20년 넘게 활동하고 있는 김지혜 선생님이 알려주신대요.

타고난 목소리가 아니어도 괜찮아요

성우가 되려면 좋은 목소리나 예쁜 목소리를 타고나야 하는 거냐는 질문을 많이 받아요. 답하기 어려운 질문이에요. 예쁜 목소리냐, 좋은 목소리냐는 듣는 사람에 따라 다르게 느끼는 거니까요.

질문을 바꿔볼게요. 성우가 되기 어려운 목소리는 뭘까요? 소리가 약하거나 잘 갈라지는 목소리, 일정한 높이와 굵기가 유지되지 않는 목소리를 가졌다면 성우가 되기는 어려울 것 같아요.

목소리마다 타고난 특성이 있어요. 성대의 모양에 따라 목소리의 색깔이 결정되니까 그건 타고났다고 말할 수 있어요. 하지만 발성 연습을 통해 목소리 이미지를 바꿀 수 있어요. 굵은 목소리를 가늘게, 가는 목소리를 굵게, 낮은 톤을 높일 수도 있어요. 그뿐 아니라 가성과 호흡을 사용해서 목소리 이미지를 다르게 만들 수도 있죠.

훈련을 통해 목소리는 얼마든지 바꿀 수 있기 때문에 성우가 어린이

부터 노인까지 1인 10역 이상의 역할을 할 수 있는 거예요. 목소리는 타고나기도 하지만 노력에 의해 얼마든지 만들어질 수 있어요.

건강한 목소리와 정확한 발음은 필수

예쁜 목소리보다는 건강한 목소리가 더 중요해요. 건강한 목소리는 힘이 있고 갈라지지 않는 목소리, 낮은 톤부터 높은 톤까지 음역대가 넓어서 자유자재로 사용할 수 있는 목소리라고 할 수 있어요. 그래야 목소리로 여러 가지 연기를 할 수 있기 때문이에요.

성우가 되기 위해서는 우선 발음이 정확해야 해요. 대사로만 생각과 감정을 전달하는 게 성우잖아요. 발음이 정확하지 않으면 전달에 문제가 생기고 연기하기도 힘들어요. 영화나 애니메이션을 보면 아주 빠르게 말하는 캐릭터가 있어요. 그런데도 신기하게 무슨 말을 하는지 다 알아들을 수 있어요. 정확하게 발음하면서 빠르게 말하는 게 쉽지 않은데 그걸 해내는 게 성우들이죠.

감정 표현을
부끄러워하지 말아요

정확한 발음 다음으로 중요한 건 대사에 감정을 풍부하게 실어내는 표현능력이에요. 자신이 느끼는 감정을 다른 사람 앞에서 표현하는 걸 부끄러워하지 않아야 가능하죠. 자신 있게 감정을 표현하는 용기가 필요해요.

성우는 되고 싶은데 내성적인 성격을 가졌다고 걱정하는 친구들이 있어요. 창피해서 감정 표현을 잘하지 못할 것 같다고요. 그런데 목소리 연기로 감정을 표현하는 건 내성적인 성격과는 크게 상관없어요. 남들 앞에선 표현을 잘 못하는 내성적인 친구들도 마이크 앞에서는 감정연기를 곧잘 하거든요. 표현하고 싶은 마음이 중요한 것 같아요.

연기를 잘하고 싶다면 읽고, 또 읽기

성우는 연기도 하고 지식과 정보를 전달하기도 해요. 여기서 중요한 건 대본을 읽는 능력이에요. 문장을 읽을 때 어디서 끊어 읽는지 알아야 하고 어느 부분에서 감정을 담아야 할지 판단해야 하죠. 짧은 문장인데도 무슨 내용인지 이해가 안 된다면 긴 대본을 읽고 연기하는 건 불가능해요. 무엇을 전달할지 모르니 그냥 책 읽듯이 딱딱하게 읽게 되죠.

성우는 독해 능력이 필요한 직업이에요. 그래서 책을 많이 읽는 게 좋아요. 책의 내용을 빠르게 이해하는 능력을 키우고, 책을 통해 사람의 마음을 이해하고 표현하는 방법을 배우며, 지식과 정보를 전달하는 방법을 배워요. 한쪽에 치우치지 않고 여러 종류의 책을 골고루 보면 좋겠어요. 모두 배울 점이 있거든요.

어떤 전공도 상관없어요

성우가 되는데 전공은 중요하지 않아요. 실력이 중요하죠. 연극영화과나 스피치학과, 성악과가 실력을 쌓는데 도움이 될 거예요. 또 신문방송학과 같은 방송관련학과도 추천해요. 요즘엔 성우과가 있는 대학들도 있고요.

성우 공채시험을 준비할 때는 공채시험 전문 학원에서 교육받는 게 유리해요. 공채시험을 보는 지망생들의 경쟁이 치열하고 수준이 높아서 요즘은 혼자서 준비하기 어려워요.

어떤 방송사 공채시험 문제에 '분노하고 슬퍼하는 미남형의 차가운 성격의 왕자'라는 캐릭터 설명이 있고 연기 단문(주어와 서술어가 하나만 있는 문장, 대본에서는 짧은 문장도 포함해서 말함)이 나왔어요. 이런 문제는 전문적으로 성우 연기를 배우지 않으면 표현하기 매우 어려워요. 공채시험 전문 선생님께 열심히 배우며 실력을 쌓는 게 중요해요.

성우 공채시험에 도전!

　KBS, EBS, 투니버스, 대원방송, 대교방송과 같은 방송사는 1년~2년에 한 번 공채시험으로 성우를 뽑아요. 1차 시험은 주어진 대본을 녹음해서 파일로 접수해요. 최소한 3000명 이상 지원하니까 현장 시험을 치르기가 어려워져서 얼마 전부터 이렇게 바뀌었어요. 1차 시험에서 남자 100명 이하, 여자 100명 이하로 인원을 추리고, 2차 시험부터는 방송사에 가서 직접 실기시험을 봐요.

　2차, 3차 시험은 그냥 단문으로 연기를 시키기도 하고, 애니메이션 더빙으로 시험을 보는 방송사도 있어요. 더빙 시험은 영상의 캐릭터와 목소리가 잘 어우러져야 해요. 공채 성우가 되면 수습 기간 없이 바로 방송에 투입되는 경우가 많아 시험 수준이 점점 올라가는 것 같아요.

한국성우협회 정회원으로 등록하면 나도 성우!

　우리나라에서 성우로 활동하려면 한국 성우협회 정회원이 되어야 해요. KBS, EBS, 투니버스, 대원방송, 대교방송과 같은 방송사의 성우 공채시험에 합격하고 난 후 2년 동안의 전속 생활을 거치고 나면 한국 성우협회 정회원으로 등록할 수 있어요.

　한국 성우협회 정회원이 아닌 사람들도 성우 활동을 할 수는 있어요. 그런데 성우협회에는 정회원이 아닌 사람들과는 함께 녹음하지 않는다는 규정이 있어서 녹음실에서 마주치는 일은 없어요. 협회는 성우가 일터에서 정당한 대우를 받고 공정한 성우료를 받을 수 있도록 성우를 보호하고 대변하는 역할을 해요. 그러니까 성우협회 정회원이 되어야 돈도 제대로 받을 수 있고, 성우로 인정받을 수 있는 진짜 성우가 된답니다.

성우가 되려면 예쁜 목소리보다는
건강한 목소리가 더 중요해요.
건강한 목소리는 힘이 있고 갈라지지 않는 목소리,
낮은 톤부터 높은 톤까지 음역대가 넓어서
자유자재로 사용할 수 있는 목소리예요.
정확한 발음도 필수고요!

5장에서는?

좋아하는 일을 직업으로 가질 수 있어서 즐겁고 신나게 일한다는 김지혜 성우! 사람들에게 알려지지 않은 성우만의 독특한 매력을 살짝 알려주신대요~

취미를 직업으로

요즘 취미를 직업으로 삼았으면 좋겠다는 말을 많이 들어요. 성우라는 직업이 그래요. 저는 어려서부터 목소리로 연기하는 게 정말 재미있었어요. 동화를 읽어주는 오디오북을 들으면서 따라 하고 녹음하는 게 가장 즐거운 놀이였어요.

지금도 녹음하러 가는 일이 즐거워요. 돈을 주지 않는다고 해도 녹음하라고 하면 당장 가서 할 만큼 좋아하는 일이에요. 그래서 그런지 녹음하는 일로 스트레스를 받은 적이 없어요. 오히려 연기하고 나면 스트레스가 풀리죠. 놀면서 돈을 버니, 저한테는 최고로 매력적인 직업이에요.

대중의 인기는 덤으로 얻어요

　한 편의 영화를 더빙하거나 라디오 드라마의 녹음을 마치는 순간마다 성취감을 느껴요. 제가 맡은 배역의 연기가 생각대로 잘 되었을 때 스스로 느끼는 뿌듯한 마음이죠. 소설가가 소설을 완성했을 때, 작곡가가 한 곡을 완성했을 때랑 비슷할 것 같아요.

　제가 녹음한 작품이 대중의 사랑을 받을 때도 기쁘죠. 목소리 연기가 좋았다는 평을 받고 팬이 생기면 더 좋고요. 그럴 때는 보람뿐 아니라 더 열심히 해야겠다는 책임감도 생기는 것 같아요.

젊게, 즐겁게 살아요

　인체의 여러 기관 중에 가장 노화가 늦게 오는 부분이 성대예요. 휴대폰이 나오기 전 집 전화를 주로 사용할 때, 전화를 건 사람이 엄마와 딸을 구분하지 못하거나 아빠를 아들로 착각하는 경우가 많았어요. 목소리만 들으면 나이를 구분하기 어렵거든요.

　인기 애니메이션 <짱구는 못말려>에서 짱구 목소리를 한 박영남 성우님이 70세가 넘은 분인 걸 알면 다들 놀라요. 사실 나이가 들면 목소리 톤이 좀 낮아지고 말의 속도가 느려지면서 말투의 변화가 오긴 해요. 하지만 성우들은 젊은 역할을 많이 하고 매일 녹음을 하니까 목소리의 젊음이 그대로 유지되는 것 같아요.

　젊은 목소리는 활기가 있어요. 그래서 그런지 성우들은 나이보다 젊게 살고 더 즐겁게 생활해요.

솔직하고 꾸밈없는 매력

　감정을 표현하는 직업이라서 그런지 성우들은 대체로 솔직하고 꾸밈없는 성격을 지니고 있어요. 감정도 풍부해서 별거 아닌 일에도 잘 웃고 잘 울어요. 또 남 앞에서 감정을 드러내는 걸 꺼리지 않고요.

　연기는 자신감과 확신이 없으면 어려워요. 마음으로 진짜라고 느끼지 않으면 목소리에 자신감이 없어지거든요. 그래서 연기할 때는 자신의 느낌이 진짜라고 믿고 표현해야 해요. 이런 일을 매일 하다 보니 확실하게 표현하는 것이 습관이 된 것 같아요.

　식당에서 맛있는 음식을 먹을 때 정말 맛있다고 감탄하며 너무 큰 소리로 표현하기도 해서 가끔 과장되게 말한다고 오해받기도 하지만 괜찮아요.^^

취미를 직업으로 가진 덕분에
젊고, 즐겁게 살아요

6장에서는?

성우는 어떤 하루를 보낼까요? 종일 스튜디오 안에서 녹음만 하는 건 아니라고 해요. 다양한 일을 하는 김지혜 성우의 하루를 따라가 보아요.

아침 8시
가벼운 발성 연습

아침엔 배가 고프지 않아도 밥을 꼭 먹어요. 음식물이 목을 통해 넘어가면서 성대를 윤기 있게 해 주어 목소리가 풀리거든요. 배가 든든해야 소리에 힘도 생기고요. 평범한 아침밥이지만 성우에게는 중요한 일이에요.

그리곤 가볍게 노래를 한다거나 허밍을 하면서 발성 연습을 해요. 아침에 목을 풀기 위해 목에 힘을 주어 소리를 지르는 건 좋지 않아요. 오히려 목이 상하거나 목소리가 쉴 수 있어요.

아침 10시

애니메이션 녹음

녹음하러 스튜디오에 왔어요. 보통 성우들은 이 시간에 녹음하는 걸 별로 좋아하진 않아요. 오전 시간은 목이 완전히 풀려있지 않거든요. 그렇지만 아침형 인간인 저는 오전 시간 녹음을 좋아해요. 오전엔 에너지가 가장 많거든요. 특히 애니메이션 녹음은 에너지가 정말 많이 필요로 해요.

오늘은 녹음하기 전에 PD와 성우들이 모여 회의를 먼저 할 거예요. 새롭게 시작하는 애니메이션이라 캐릭터와 목소리가 어울리는지 먼저 점검할 필요가 있거든요. 역시 경력이 많은 성우답게 각자의 캐릭터를 잘 준비해 왔네요. 짧게 회의를 끝내고 30분짜리 애니메이션 세 편을 연달아 더빙했어요.

낮 1시
외국영화 더빙

간단히 점심을 먹고 외국영화 더빙을 할 거예요. 며칠 전에 영화 파일과 대본을 이메일로 받아서 미리 영화도 보고 대사 연습도 하고 왔어요. 제가 맡은 주인공은 호들갑스럽고 말도 엄청 빠르게 많이 해요. 이렇게 대사를 빠르게 말해야 할 땐 배우의 입 모양에 맞게 말의 속도를 조절하는 게 중요해요. 외국어로는 짧은 문장인데 우리말로는 긴 문장이 된다거나 그 반대인 경우도 있어서 입 모양에 맞춰 최대한 자연스럽게 보이려고 노력해요. 지난주에는 대사가 적은 역할을 맡아서 쉽게 녹음했는데 오늘은 대사가 많아 틀리지 않고 한 번에 녹음하려고 긴장하고 있어요.

낮 4시

초등학교 어린이 성우 교실

제가 초등학교 방과 후 수업으로 어린이 성우 교실을 운영하고 있어요. 학교 수업은 성우교육을 받은 선생님들이 나가서 아이들에게 발음 연습과 연기 연습을 시켜요. 이 과정이 끝나면 마지막에 애니메이션 한 편을 아이들과 함께 더빙하는데 가끔 제가 가서 도와줘요.

교실 안에 마이크와 녹음 장비가 설치되니까 아이들이 신기한가 봐요. 저는 아이들에게 평소에 연습하던 대로 자기 차례에 마이크 앞으로 와서 연기하면 된다고 알려주었어요. 녹음하는 아이들이 진지한 눈빛으로 맡은 역할을 연기하는 걸 보면 저도 덩달아 행복해져요.

저녁 7시

집에서 아이들과 함께

성우 아카데미에서 강의가 있는 날은 오후에 강의하고 조금 늦게 퇴근하는 때도 있어요. 가끔 저녁에 급한 일이 들어와서 녹음할 때도 있고요. 하지만 가능하면 일찍 집으로 가려고 노력해요. 아이들과 함께 시간을 보내려고요.

어린이 성우 교실을 처음 열었을 때 아이들을 가르쳤더니 두 아이 모두 어린이 성우로 활동하게 되었어요. 큰아이는 어려서부터 애니메이션 더빙을 했고 작은 아이도 광고나 교재 녹음을 했고요. 아이들과 함께 연습도 하고 대화도 나누다 보니 어느새 피곤함도 사라지네요.

7장에서는?

어떤 일이든 어려움이 닥칠 때가 있어요. 성우는 자유롭게 일하는 직업이라 자기 관리가 중요하다고 해요. 성우라는 직업 때문에 가지게 된 습관도 있고요. 그럴 때 어떤 마음으로 헤쳐나가는지 선배의 경험을 들어보아요.

자유롭게 일하는 프리랜서

성우는 방송사에 전속계약으로 있는 2년 정도를 빼면 소속 없이 일해요. 경력이 쌓여도 직위가 올라가지 않아요. 그런 부분이 좀 아쉽지만 목소리 연기자라는 직업엔 프리랜서가 더 어울리는 것 같아요.

성우는 제작하는 회사로부터 캐스팅을 당하는 직업이라 일을 많이 하고 싶어도 맘대로 할 수 없어요. 캐스팅되려면 기본적인 연기 실력을 갖춰야 하고 캐릭터에 맞는 목소리를 잘 만들 수 있어야 해요. 한 번 캐스팅 되었다고 해서 마음을 놓아서도 안 되고요. 끊임없이 노력해서 다양한 캐릭터의 연기를 할 수 있도록 실력을 키워야 하죠.

성우들은 경쟁에 익숙해요. 성우가 되려면 보통 300대 1의 경쟁률을 뚫어야 하고, 성우가 된 다음에도 다른 사람의 도움 없이 스스로 배역을 따내야 하거든요. 또 시간이 지나면서 변화하는 연기를 따라가야 하니까 공부를 게을리하지 말아야 하고요.

하지만 너무 걱정하지 말아요. 어느 정도의 경력이 쌓이고 실력을 인정받으면 할 수 있는 일은 많으니까요. 항상 목소리를 건강하게 관리하고 맡은 일에 최선을 다하면 큰 어려움은 없을 거예요.

감정 변화가 빨라서 오해를 받기도

성우는 세상에서 가장 슬픈 듯 연기하다가도 언제 그랬냐는 듯 금방 밝게 웃는 연기를 할 수 있어야 해요. 영화나 드라마 한 편을 한 번에 다 녹음해야 하거든요. 슬픈 척, 기쁜 척하는 연기는 목소리에 금방 드러나요. 진짜로 슬픈 감정을 느껴야 슬픔이 목소리에 묻어나와요.

슬픈 장면을 연기했는데 바로 다음 장면이 기쁜 장면이라면 얼른 마음에서 슬픔을 지우고 기쁨으로 바꿔야 해요. 처음엔 어렵지만 꾸준히 연습하다 보면 감정 몰입을 빠르게 할 수 있는 능력이 생기게 돼요.

그런데 평소에도 이렇게 감정이 빨리 변하니까 가족들이나 친구들이 놀랄 때가 있어요. 좀 전까지 엄청 화가 나 있었는데 금방 아무렇지도 않게 웃으니까요. 이게 직업병이 아닐까 싶지만 나쁘진 않아요.

과장된 표현?
아니, 정직한 표현!

성우는 여러 가지 소리도 흉내 내야 해요. 울음소리나 웃음소리도 여러 스타일로 낼 줄 알아야 하고, 캐릭터가 움직이는 모양도 소리로 전달할 수 있어야 해요. 이런 소리는 대부분 호흡을 조절하면서 내요. 그래서 호흡 연기라고 하죠.

넘어질 때 '으아'하고 비명을 지른다거나, 앉았다 일어나는 표현을 할 때는 '끙'이나 '웃차'하며 소리를 내요. 이런 호흡 연기가 몸에 배어있어서 평소에도 움직일 때마다 입으로 소리를 내곤 해요.

또 감정 표현을 할 때 저도 모르게 큰 소리를 낼 때가 있어요. 특히나 성우들끼리 모이면 이런 특성이 더 드러나는 것 같아요. "정말 너무너무 재밌어!" 하거나, "진짜, 대박, 너무너무 맛있어!!" 하면서 큰 목소리로 호들갑스럽게 표현하니까 주변 사람들이 쳐다보는 경우도 많아요.

일상에서 느끼는 감정을 솔직하게 정확하게 표현하고 있는데 과장된 말투라는 오해를 받기도 해요. 하지만 괜찮아요. 그만큼 직업에 충실하다는 말이니까요. 그리고 느낌을 참지 않고 솔직하게 표현할 때 사람들과 더 잘 소통할 수 있다는 걸 알거든요.

스튜디오에서 더빙하는 김지혜 성우

건강한 목소리는 건강한 몸에서

목소리는 몸의 수분과 관련이 많아요. 몸이 건조하면 목소리가 갈라지고 탁해져요. 또 배탈이 나면 몸에 힘이 없어서 소리가 잘 나오지 않고요. 그래서 평소에도 물을 많이 마시고 몸이 아프지 않도록 신경을 써요.

감기에 걸리거나 몸이 좋지 않을 때는 목소리가 잘 안 나와서 캐스팅돼도 녹음을 할 수가 없어요. 그게 몇 번 반복되면 일자리를 잃을 수도 있고요. 그러니까 평소에 건강을 관리하는 습관을 길러야 해요. 몸에 좋은 것도 많이 먹고, 몸에 좋지 않은 것은 하지 않는 자기 관리가 필요하죠.

언제든 최상의 목소리를 낼 수 있도록 건강한 몸을 유지하는 게 정말 중요해요.

최신 드라마, 영화를 보며 연기의 흐름을 익혀요

　작가들은 재미있는 이야기를 들으면 꼭 수첩에 적어놓았다가 나중에 소설이나 드라마를 쓸 때 참고한다고 해요. 성우는 드라마나 영화를 볼 때 이야기보다 배우의 감정연기나 캐릭터 연기를 눈여겨봐요. 인상적인 감정이나 캐릭터 표현을 머릿속에 잘 저장해 놓으면, 어떤 배역이 주어졌을 때 저장해 놓았던 기억을 하나씩 꺼내 연기에 사용할 수 있으니까요.

　평소에 주변 사람들이 하는 말투도 귀담아들어요. 성격에 따라 말투도 다르고 표현하는 방식도 다르니까 기억해 두는 거죠. 말하는 방식도 세대마다 다르고 시대마다 다르니까 요즘 유행하는 말투와 표현방식이 뭔지 알아두는 게 도움이 돼요.

CHAPTER. 08

성우의 미래

8장에서는?

성우는 성우 일만 할 수 있을까요? 다른 직업을 함께 할 수는 없을까요? 미래에도 필요한 직업일까요? 김지혜 성우가 말하는 미래의 성우는 어떤 모습일까요?

성우에서 연기자로

라디오 드라마 인기가 높았던 시절에 성우로 활동하다가 TV 드라마 연기자가 된 분들이 많아요. 김영옥, 김용림, 나문희, 성병숙, 사미자, 전원주, 김기현, 김하균, 나성균, 한영숙, 박일, 박웅 등이 모두 성우 출신 연기자예요.

성우도 연기를 하는 직업이라 배우로 캐스팅될 기회가 많이 있어요. 영화 <도가니>에서 나쁜 교장 역할을 맡았던 장광 성우님 같은 경우는 성우 활동만 오랫동안 하다가 얼마 전부터는 연기자로 활동을 많이 해요.

이렇게 TV 연기자뿐 아니라 연극이나 뮤지컬 배우, 라디오 DJ, MC로 활동하는 성우도 많이 있어요. 대원방송 성우인 서유리처럼 예능 프로그램에 나가서 인기를 얻게 된 경우도 있고요. 뽀로로 목소리로 유명한 이선 성우님도 연극배우로, TV 드라마 연기자로 다양하게 활약하고 있어요.

최근에는 성우협회에서도 성우가 다른 분야로 진출할 수 있도록 적극적으로 지원하고 있어요. 하고 싶은 의지가 있고, 능력만 잘 갖추고 있으면 여러 방면으로 시도해 볼 수 있어요.

끝까지 성우!

성우는 정년이 없어요. 목소리 관리를 잘하면 나이 들어서도 젊고 힘 있는 목소리가 나오거든요. <짱구는 못말려>에서 짱구 역할을 한 박영남 선배는 70세가 넘어서도 활동했으니까요.

대신 연기하는 방식은 변화가 필요해요. 옛날 방송과 지금 방송을 비교해 보면 성우들이 연기하는 방식이 많이 달라졌어요. 시대에 따라 표현하는 방식이 다르니까요. 성우 활동을 오래오래 하려면 이런 변화를 알아채고 공부해야 해요. 젊었을 때 잘했던 캐릭터만 고집하지 않고 시대에 맞는 새로운 캐릭터를 계속해서 만들어내야 하죠.

미래에도 꼭 필요한 직업

 만약 애니메이션이 없어진다면 성우가 할 수 있는 일이 매우 적어질 거예요. 하지만 그런 날은 오지 않을 것 같아요. 앞으로는 애니메이션이 더 많이 만들어질 것 같거든요. 성우가 할 일도 더 많아지겠죠.

 요즘엔 성우가 방송 화면의 내용을 이끌어가는 프로그램도 있어요. 방송의 자막만큼 성우의 역할도 커지고 있죠. 앞으로도 성우가 참여할 수 있는 방송이 더 늘어나지 않을까 생각해요.

 AI 시대가 오면 성우라는 직업이 사라질 거라고 걱정하는 소리도 들었어요. 문장을 입력하면 말소리로 읽어주는 음성인식 프로그램들이 있어요. 얼핏 들으면 진짜 사람이 말하는 것처럼 들려요. 하지만 저는 AI가 사람의 감정을 표현할 수는 없다고 생각해요.

 사람의 목소리는 아주 복잡하고 섬세한 감정을 표현할 수 있지만, 기계는 아직 어려울 것 같아요.

전국 어린이 성우대회, KBS홀

성우진로특강시 애니메이션더빙체험

성우의 상상은 현실이 된다

오디오 드라마라는 장르가 있어요. 웹툰이나 웹소설을 오디오 드라마로 각색해서 성우들이 녹음하는 거예요. 인기 있는 웹툰이나 웹소설을 오디오 드라마로 만들어서 온라인으로 서비스하는 새로운 컨텐츠가 주목을 끌고 있어요.

라디오 드라마도 새롭게 만들어지고 있어요. KBS 라디오국에서 만든 라디오 드라마를 팟캐스트에 올리고 있죠. 젊은 사람들의 반응이 꽤 좋다고 해요. 이렇게 콘텐츠는 계속해서 새로운 것들이 만들어지고 있고, 진화하고 있어요. 성우는 콘텐츠의 진화에 발맞추어 함께 하고 있죠.

노래를 잘하는 남자 성우들이 그룹을 만들어 앨범을 내고, 아프리카TV 같은 웹 방송에서 1인 방송을 하는 성우들도 있어요. 성우는 상상한 것을 현실로 만드는 힘이 있는 것 같아요.

각종 강연과 낭독체험 강사로, 유튜버로, 어린이 성우교실 선생님으로 활약하고 있는 김지혜 성우

9장에서는?

성우의 꿈을 이룬 김지혜 성우의 이야기를 들어보아요. 언제부터 성우의 꿈을 가져서 어떻게 이루었는지, 성우가 되어서 어떤 일을 했는지 여러분이 궁금해하는 이야기가 여기에 있어요. 꿈을 이루는 과정에서 힘들었던 일도 들려주신대요.

동화 테이프를 들으며 녹음하고 놀았어요

어렸을 때 부모님이 동화책 전집을 사주셨는데, 그 안에 동화 테이프가 있었어요. 성우들이 예쁜 목소리로 동화책을 얼마나 아름답게 읽던지 그걸 듣는 재미에 푹 빠졌어요. 초등학교 2학년 때쯤 처음으로 성우처럼 책을 잘 읽고 싶다는 생각을 했죠.

평소에 아버지가 저와 동생이 하는 대화나 노래를 테이프에 녹음해서 해외 출장을 가실 때 녹음된 테이프를 가지고 다니셨어요. 집에 있는 녹음기에 항상 테이프가 꽂혀있었기 때문에 녹음하는 일이 어색하지 않았어요. 그래서 혼자 동화책을 따라 읽고 녹음을 하며 놀곤 했죠.

성우들처럼 책을 잘 읽고 싶어서 여러 번 듣고 똑같이 따라 하며 놀았어요. 남자 목소리도 내보고 여자 목소리도 내면서 역할 연기를 하는 게 너무 재미있었거든요. 그러면서 스스로 잘한다고 생각했죠. 나중에 어른이 되어서 들어보니까 그냥 똑같은 아이 목소리로 모든 역할을 다했더라고요. 어쨌든 어렸을 때부터 정말 성우가 되고 싶었던 것 같아요.

EBS 라디오 음악방송 출연

초등학교 6학년 때 음악을 전공하신 선생님이 EBS 라디오 방송에서 6학년 음악 수업을 진행하셨어요. 수업 시간에 저한테 노래를 시키고 문장을 읽어보라고 하시더니 라디오 방송에 출연하자고 하시더라고요. 이렇게 뽑힌 6~7명의 학생들과 함께 6학년 음악 수업 방송에 1년 동안 학생으로 출연하게 되었어요.

우리가 녹음하기 전에 여자 성우가 와서 '곧 6학년 음악이 방송됩니다'라고 안내방송을 하는데 그 모습이 너무 멋있고 목소리가 정말 예뻐서 '나도 저렇게 되고 싶다'는 꿈을 키웠죠.

마지막 방송을 앞두고 선생님이 저한테 노래 가사 낭독을 맡겼어요. 낭독을 맡은 게 기뻐서 밤새 연습했던 기억이 나네요.

청소년 시절은 성실하고 책임감 있게

중고등학교 때는 부모님 말씀 잘 듣고 공부도 열심히 하는 성실한 학생이었어요. 그림 그리는 것을 좋아해서 미대에 가볼까, 노래 부르는 것을 좋아해서 성악을 전공할까 고민도 했었지요. 옷 만드는 것도 관심이 많았고 요리도 좋아했어요.

이것저것 다양하게 재능이 있긴 했는데 한 가지를 아주 특별하게 잘했던 건 아니었어요. 지금 생각해 보니 학교에서 하는 과목은 뭐든지 좋아했던 것 같아요. 공부도 열심히 했는데 꼭 뭐가 되고 싶다는 생각보다는, 학교생활을 통해 성실하게 사는 방법을 몸에 익힌 시간이었어요. 공부하면서 책임감과 인내심도 기르고요.

대학 방송국 아나운서가 되다

대학에 입학하자마자 바로 학교 방송국에 아나운서로 지원했어요. 그때는 성우에 대한 정보가 없어서 아나운서가 성우와 비슷하다고만 생각했어요. 일단 아나운서로 활동하면서 제가 성우가 될 재능이 있는지 알아보고 싶었어요.

대학 방송국 아나운서는 뉴스나 음악방송 말고도 라디오 드라마와 콩트 연기도 함께해요. 아나운서와 성우의 역할을 함께 하는 거죠. 아침 8시 30까지 등교해서 밤늦게까지 방송국 일을 했어요. 방학에 친구들이 유럽 배낭여행을 다닐 때였는데 저는 매일 학교에 나가 방송국에서 살다시피 했죠. 대학교 학과 동기들이 수업 시간에만 겨우 제 얼굴을 볼 수 있었대요. 수업 시간을 뺀 나머지 시간엔 방송국 활동만 했으니까요.

대학 방송국에서 방송하면서 성우가 되고 싶다는 생각이 더 확고해졌어요. 방송이 너무 재미있었거든요. 그래서 부모님께 처음으로 성우가 되고 싶다고 말했어요. 부모님이 깜짝 놀라셨죠. 대학 가기 전까지 남들 앞에서 발표도 잘 못하고 노래 한 곡도 자신 있게 못 불렀던 내성적인 아이였기에 이룰 수 없는 꿈이라 생각하셨어요.

그런데 성우가 되겠다는 목표를 세우고 연기 공부를 하면서 소극적이었던 성격이 적극적으로 바뀌었어요. 꿈이 있고, 꿈을 향해 노력하다 보니까 저절로 그렇게 된 것 같아요. 학교 방송국에서 아나운서로 활동하면서 성우가 될 재능이 있다는 자신감도 얻었고요.

동국대학교 방송국 아나운서 시절

용감한 도전, 아름다운 실패!

대학교 3학년 때 처음 성우 시험을 봤어요. 제가 어느 정도의 실력인지 시험해 보고 싶었거든요. MBC에 시험을 보러 갔더니 여자만 2,000명이 와 있더라고요. 거기서 50명을 뽑았는데 제가 그 안에 들었어요. 그땐 정말 너무 기뻤어요. 처음 보는 성우 시험에서 1차 합격을 했다는 게 믿어지지 않았어요. 2차 시험은 스튜디오에서 녹음하는 거였어요. 합격할 거라는 생각은 하지 않아서 2차에서 불합격했을 때 크게 실망하지는 않았어요. 대신 다른 지원자들의 연기를 보면서 저도 성우 공부를 본격적으로 하면 합격할 수 있을 거라는 자신감을 얻었지요.

그리고 바로 MBC 문화원 성우과정에 입학했어요. 저는 그때 문화원을 졸업하면 바로 성우가 될 수 있다는 자신감이 있었어요. 그만큼 최선을 다해서 열심히 했거든요. 그런데 대학을 졸업하던 해 MBC 성우 시험을 봤는데 3차 최종 면접에서 떨어지고 말았어요. 실망도 컸고 충격도 받았죠.

대학교 졸업 후, 성우 시험공부를 위한 교육비를 벌려고 사내 방송을 제작하는 회사의 아나운서로 취직했어요. 낮에는 회사에서 사내 방송을 녹음하고, 저녁에는 성우 선생님을 찾아가 과외수업을 받았죠. 1년 동안 열심히 공부해서 KBS, 투니버스, 또 MBC 시험을 연이어 봤지만 계속해서 떨어졌어요. 정말 우울한 시간이었어요.

마침내 꿈을 이루다

　계속해서 성우 시험에 떨어지고 우울하던 중, 뜻하지 않게 대교방송 성우 시험에 합격하게 되었어요. 평생 바라던 꿈이 이루어진 거예요. 대교방송 3기 성우로 1년 동안 활동하다가 다시 KBS에 재도전했고, 결국엔 KBS 성우가 되었어요. 당시에는 케이블 방송이 막 생겼던 때라 MBC나 KBS처럼 큰 방송국의 성우가 되고 싶었거든요. 시간이 좀 걸리긴 했지만 결국은 원하던 꿈을 이뤘죠.

　성우 시험이 참 어려워요. 필기시험이라도 있으면 열심히 외우기라도 할 텐데, 몇 줄의 문장을 1~2분 동안 연기하며 제 재능을 다 보여줘야 하니까요. 실력도 중요하지만 운도 따르는 거 같아요.

　KBS에서 전속 생활을 할 동안 참 행복했어요. 하고 싶었던 연기를 마음껏 했으니까요.

꿈을 이룬 김지혜 성우!
아이들의 꿈이 되었네요~

프리랜서의 길

　KBS 성우로 3년 동안 전속 생활을 했어요. 그전에는 10년씩도 했다는데 7년, 5년으로 줄다가 저 때는 3년이었고 지금은 2년이에요. 전속 생활이 끝나면 바로 프리랜서가 되는 거죠.

　처음 프리랜서가 되고는 한 3개월에서 6개월 정도는 힘들었어요. 프리랜서는 캐스팅되어야만 일도 하고 성우료도 받을 수 있어요. 종일 집에서 섭외 전화가 오기를 기다린 날도 있고, 며칠 동안 바쁘게 일하고 나서 또 언제 일이 들어올까 불안한 날도 있었어요. 그런데 시간이 지나니까 프리랜서 생활에 적응이 되더라고요. 걱정했던 것처럼 일이 없는 것도 아니구요. 다행히 바쁘게 생활하게 되었어요.

꿈을 이루는 과정은 쉽지 않았어요.
여러 번 실패했을 때 좌절도 하고 우울하기도 했지요.
하지만 포기하지 않고 더 열심히 노력했더니
드디어 성공의 순간이 왔어요!
실패를 두려워하지 않는 것,
그게 제가 꿈을 이룬 비결인 것 같아요.^^

김지혜가 연기한 캐릭터

　연기한 작품은 아주 많아요. 그중에 사람들의 인기를 끌었던 최근 작품은 <구름빵>이라는 애니메이션에요. 여기서 '홍시' 캐릭터를 연기했어요. 목소리를 독특하게 잡아달라는 요청이 있어서 성대를 긁어서 캐릭터 목소리를 만들었어요. 녹음하고 나면 목이 너무 아파서 힘들었지만 홍시 목소리가 독특하다고 아이들이 좋아해서 고생한 보람이 있었어요.

　제가 맡았던 역할 중에서 제일 좋아하는 캐릭터는 영국 BBC에서 만든 <닥터 후>라는 작품의 '에이미' 역할이에요. 제 성격이랑 비슷한 부분이 많아서 재미있게, 즐겁게 연기했어요.

　<첨밀밀>이라는 영화에서 장만옥을 연기했을 때도 좋았어요. 예전에도 그 영화를 봤었는데 실제로 제가 직접 연기를 하니 느낌이 너무 다른 거예요. 역할에 몰입해서 그런지 영화 속 '장만옥'에 더 공감하게 되더라고요. 그래서 다른 작품보다 감정에 더 몰입해서 녹음했던 기억

이 나네요.

　또 <시간 여행자의 아내>라는 영화에서 여주인공 '클레어' 역할도 매우 기억에 남아요. 잔잔한 영화였는데 마지막 장면에서 저도 모르게 목이 메면서 눈물이 나더라고요. 그때 목이 메어서 대사가 안 나와 NG가 날 뻔했거든요. 사랑의 애틋한 감정에 완전히 몰입했던 영화였어요. 영화 더빙은 이런 매력이 있어서 참 좋아요.

애니메이션 <구름빵>

성우 아카데미 운영

처음부터 성우 아카데미를 할 생각은 아니었어요. 2001년에 몇몇 학생이 저를 찾아와서 성우 과외수업을 해 달라고 하더라고요. 그때 4명을 가르쳤는데 2명이 KBS에 합격했어요. 운이 정말 좋았죠. 그다음 해에도 5명이 찾아와서 가르쳤는데 그중 1명이 KBS에 합격했어요. 그러다 보니 자꾸 소문이 나서 학생들이 찾아오기 시작했죠. 그때는 사실 방송이 많아서 학생을 가르칠 시간적인 여유가 없었어요. 그래서 몇 명만 소규모로 가르쳤고 학원을 차릴 생각도 전혀 없었어요.

그런데 꾸준히 합격생이 나오니까 입소문이 나서 학생들이 자꾸 늘어나는 거예요. 저도 차츰 가르치는 재미를 느끼게 되었고요. 그래서 나중에 본격적으로 성우 학원을 차리게 된 거죠.

오랜 시간 열심히 공부하고 실력을 쌓아서
성우의 꿈을 이룬 제자들의 밝은 표정을 보니
정말 보람있는 일을 했다는 생각이 들어요

방과 후 어린이 성우교실도 운영해요

성우 학원을 차리고 나서 어린이 성우과정을 방학 특강으로 열어 봤어요. 제 딸들과 친구들, 조카들을 모아서 시험 삼아 가르쳐봤는데 아이들이 애니메이션 더빙을 기가 막히게 잘하는 거예요. 그 영상을 주변 사람들에게 보여주었더니 어떤 분이 초등학교에서 '방과 후 수업'으로 하면 좋겠다고 하더라고요.

그 말을 듣자마자 '바로 그거다!' 싶은 생각이 들었어요. 그때부터 준비해서 2014년에 어린이 성우교실 방과 후 사업을 시작하게 되었어요. 매년 강좌가 꾸준히 늘어서 약 200여 개 초등학교에서 약 4천여 명 정도의 학생들이 성우교실 수업을 듣고 있어요.

처음엔 사업을 어떻게 하는지 몰라서 많이 힘들었는데 어린이들이 성우교실을 좋아하는 걸 보면 뿌듯해요.

성우교실에 온 아이들이 해맑게 웃으며 진지하게 녹음하는 모습을 보면 덩달아 기분이 좋아져요.

성우 김지혜의 또 다른 꿈

혼자서 목소리 연기를 하며 책을 읽거나 영화를 보는 것도 재미있지만 내 목소리로 더빙을 해 보면 더 재미있다는 걸 알게 돼요. 그리고 언어 표현력도 매우 좋아지고 성취감도 느낄 수 있어요. 어린이 성우 교실 프로그램을 운영하면서 많은 어린이가 애니메이션 더빙을 통해 즐거움을 찾고 자신감을 얻는 걸 보고 확신했죠. 인생의 노년기에 있는 분들에게도 힐링 프로그램이 될 거라고요.

그래서 앞으로 가족이 함께 만드는 애니메이션 더빙이나, 할머니 할아버지가 들려주는 이야기같은 교육 프로그램을 만들어서 해 볼 생각이에요.

자신의 목소리를 녹음하는 즐거움!
어린이부터 노인까지
누구나 누릴 수 있어요~

10장에서는?

앞에서 미처 소개하지 못했던 궁금증을 해결하는 시간! 성우에게 묻고 싶은 10가지 이야기를 모아봤어요. 성우는 꼭 일인다역을 해야 하는지, 배우의 연기와 성우의 연기는 어떻게 다른지. 성우료는 얼마나 받는지도 알려주신대요.

외국영화를 더빙할 때 어울리는 목소리가 따로 있나요?

QUESTION 01

외국영화를 더빙할 때는 배우의 외모와 성격에 어울리는 목소리가 필요해요. 외국 여배우들은 매력적인 외모에 남성처럼 강인한 성격의 캐릭터가 많아요. 그래서 가늘고 여성스러운 목소리보다는 울림 있고 힘 있는 목소리가 더 잘 어울리는 경향이 있어요.

외국의 10대 배우들을 보면 외모가 꽤 성숙하잖아요. 실제 배우들의 목소리도 허스키하거나 성숙한 목소리인 경우가 많고요. 그래서 외국영화를 더빙할 때는 맑고 어린 목소리보다는 성숙한 목소리를 가진 성우가 많이 캐스팅되기도 해요.

QUESTION 02
모든 나라에 성우라는 직업이 있나요?

네. 다른 나라에서도 영화와 드라마를 수입하면 그 나라 말로 더빙해요. 넷플릭스 같은 회사 역시 각 나라의 언어로 모두 더빙해서 서비스하고 있어요.

특히 애니메이션은 더빙하지 않고는 만들 수가 없으니까 성우가 꼭 필요해요. <미세스 다웃파이어>라는 영화를 보면 남자 주인공 로빈 윌리엄스가 애니메이션을 더빙하는 성우로 나오는 걸 볼 수 있어요. 이렇게 미국도, 유럽도, 아시아도 모두 성우라는 직업이 있어요.

성우의 활동이 많은 나라는?

QUESTION 03

일본 성우들이 활동이 많은 것 같아요. 일본은 우리나라처럼 방송사에서 성우를 채용하지 않고 기획사나 에이전시에서 오디션을 통해 성우를 뽑아요. 성우로 뽑히면 먼저 교육생 시절을 거치고, 실력이 좋아지면 스타 성우로 키우기도 해요. 애니메이션이 발달한 나라라 그런지 스타 성우도 많고 유명해지면 연예인 못지않은 인기를 누리죠.

어린이 성우도 꼭 필요한가요?

디즈니나 픽사 애니메이션이 우리나라에 들어오면서 어린이 역할을 실제 어린이가 더빙하기 시작했어요. 미국에서는 어린이 역할을 어른이 하는 경우가 없다고 해요. 우리나라는 아직 성인이 어린이 역할을 하는 경우가 많은데요, 제작사에서 요청하면 어린이 성우를 캐스팅해요.

아이들은 기본적으로 아이다운 목소리와 감성을 가지고 있어서 어린이 역할을 자연스럽게 잘 소화해요. 다만 아직 혀나 입 근육의 움직임이 빠르지 않아서 발음이 부정확한 경우가 많아요. 그래서 발음 연습을 열심히 해야 하죠. 더빙에서 중요한 건 대사 전달이거든요.

어린이 성우에 대한 시청자 반응이 좋아서 어린이와 청소년 성우의 활동이 점점 많아지고 있어요.

TV 배우의 연기와 성우의 연기는 다른가요?

TV 배우는 대사를 외워서 연기하는데 성우는 대본을 보면서 연기하는 점이 가장 달라요. TV 배우는 배경이 되는 장소에서 배역에 맞는 분장을 하고 상대 배역과 실제로 움직이며 연기를 해요. 반면에 성우는 스튜디오 안에서 눈으로 대본을 보면서 마이크 앞에 가만히 서서 연기를 하죠.

그래서 성우는 상상력이 필요해요. 전쟁 장면이면 자신이 전쟁터에 서 있다고 상상해야 하고, 바닷가에서 대화하는 장면이면 바다가 보인다고 상상하죠. 그래서 성우 연기를 상상의 연기라고도 해요.

또, 한 장면을 오래 촬영하는 TV 배우와는 달리 성우는 드라마 한 편을 한 번에 다 녹음해요. 장면마다 아주 빠르게 감정을 바꿔야 해서 성우는 엄청난 순발력이 필요해요.

성우는 일인다역을 꼭 해야 하나요?

QUESTION 06

네. 성우는 어린이부터 노인의 역할까지 다 할 수 있어야 해요. 영화나 드라마, 애니메이션 더빙을 할 때 등장인물의 숫자만큼 성우를 캐스팅하지 않아요. 그러면 엄청나게 많은 성우가 필요하게 되니까요. 성우는 목소리로만 연기를 하니까 목소리를 바꿔가면서 여러 가지 역할을 할 수 있어요. 방송국에서도 이렇게 여러 역할을 다양하게 할 수 있는 성우를 선호하죠.

아무리 목소리가 좋아도 딱 한 가지 목소리밖에 내지 못한다면 그 성우가 캐스팅되기는 어려울 것 같아요. 다양한 목소리를 낼 수 있는 성우가 훨씬 경쟁력이 있죠.

성우의 수입은 얼마나 되나요?

공채시험에 합격해서 방송국의 전속 생활을 하는 성우는 기본급이 월 100만 원~200만 원 정도이고, 여기에 참여하는 프로그램에 따라 수당을 더 받아요. 기본급과 수당은 방송국마다 다르고 개인마다 차이가 있어서 정확히 말하긴 어렵지만, 방송국 전속 성우의 한 달 수입은 200만 원~300만 원 정도 될 거예요. 전속 성우의 수입은 많지 않지만, 전속 성우가 끝나고 프리랜서 성우가 되면 능력에 따라 돈을 아주 많이 벌 수도 있어요.

프리랜서가 되면 기본급은 없어지고 일한 만큼 수당을 받아요. 수당은 녹음하는 프로그램에 따라 다르고, 성우가 A급인가 B급인가에 따라 또 달라요. 수입 애니메이션의 경우 30분짜리 한 편 녹음에 15만 원~20만 원을 받고요, 국내 제작 애니메이션의 경우는 더빙이 어렵기 때문에 3배 더 많이 받아요. 외국영화 더빙의 경우도 주연은 한 편에 50만 원~70만 원 정도, 조연은 30만 원~40만 원 정도 받아요.

광고 녹음의 경우는 보수가 더 높아요. 광고는 15초, 20초, 30초 이렇게 세 가지를 만드는데 한 편당 20~50만 원 정도 받아요. 어떤 성우는 한 편에 100만 원 이상을 받기도 하고요. 대중에게 인기 있는 스타 성우의 경우 광고 수입으로 한 달에 몇억 원을 벌기도 하고요.

성우 팬클럽도 있나요?

팬들이 문자도 보내고 블로그를 통해 쪽지도 보내요. 제가 애니메이션에서 연기한 캐릭터를 직접 그려서 액자에 넣어 보내주기도 하고요. 유튜브 활동을 하면서부터는 유튜브 댓글로도 많은 팬이 마음을 전해요. 고마운 일이죠.

예전에는 성우들이 팬들과 직접 만나는 행사가 없었는데 요즘엔 팬사인회도 열어요. 어떤 성우들은 직접 블로그나 카페를 운영하면서 팬들과 가까워지려고 노력하고요. 팬클럽도 생기고 팬들과 정기적으로 만남도 가지더라고요.

성우를 하면서 당황했던 일은?

보통의 경우에는 대본을 미리 받아서 연습할 시간이 충분히 있어요. 그런데 가끔 TV 제작물의 경우 대본을 녹음하기 직전에 받을 때가 있어요. 읽어 볼 시간이 거의 없죠. 그래도 녹음이면 NG가 나도 다시 할 수 있으니 조금 낫죠. 생방송인데 대본을 직전에 받으면 정말 당황스러워요. 무슨 내용인지 읽어보지도 못하고 바로 생방송을 해야 하니까요.

이렇게 급하게 방송할 때는 대본의 첫 줄을 읽는 동시에 눈은 저절로 다음 줄을 보고 있어요. 어떻게 읽어야 할지 0.00001초 만에 판단하고 바로 읽는 거예요. 그래서 성우들은 거의 NG 없이 매끄럽게 생방송을 마쳐요.

자녀들에게도 권하는 직업인가요?

네. 만약 제 딸이 성우를 원하면 저는 기꺼이 응원할 거에요. 제가 처음 어린이 성우 교실을 만들 때 딸들이 참여했어요. 녹음한 영상과 프로필을 홈페이지에 올렸더니 그걸 보고 캐스팅이 들어왔죠. 큰딸은 초등학교 6학년 때 <투모로우 나라의 마일스>라는 디즈니 애니메이션 시리즈에 '로레타'라는 역할에 캐스팅되어 저와 함께 녹음했어요. 제가 엄마 역할이고 제 딸이 딸 역할을 해서 저에게도 가장 의미 있는 작품이에요. 작은딸은 어린이 목소리가 필요한 광고도 하고 교재 녹음도 했고요. 부모가 하는 일을 아이들이 좋아하고 또 함께하니까 대견하고 뿌듯해요.

나도 성우

다음의 애니메이션 대본으로 여러분도 성우가 되어 보세요~!! 캐릭터의 특징을 잘 살려서 연습하고, 여러분의 목소리로 멋지게 더빙해 보세요~!! <LIVO>앱을 다운받아 무료체험에 있는 영상을 클릭하면 멋지게 더빙을 해 볼 수 있답니다. 녹음한 영상을 <공유하기>를 통해 갤러리에 저장하거나, 카카오톡으로 전송하여 평생 간직하세요~

씬 1) 구름빵 - 재미있는 벼룩시장 (루이역 더빙하기)

홍비 : 그게 뭐야? 우와~ 구슬이네.

루이 : 어때, 진짜 예쁘지, 홍비야? 이거 내가 되게 좋아하는 보물이야. 햇빛에 비춰 보면 무지개 색깔로 굉장히 반짝거린다. 자, 여기! 자세히 봐봐!

홍비 : 우와~ 정말 예쁘다. 나한테 지금 돈이 있으면 내가 살텐데. 헤헤헤

루이 : 사람들이 되게 좋아하겠지? 내 시집하고 구슬을 사겠다고 우르르르 한꺼번에 몰려들면 어떻게 하지?

씬 2) 구름빵 - 재미있는 벼룩시장 (홍비역 더빙하기)

홍비 : 오늘은 친구들이랑 같이 벼룩시장을 열기로 했어요.
엄마 : 마시고 난 컵은 어디에 둬야 되더라?
홍시 : 식탁 위에요. 어?
홍비 : 홍시, 너 일어났구나?
홍시 : 누나, 이거 뭐야?
홍비 : 오늘 벼룩시장 할 물건들이야!
홍시 : 벼룩...시장? 어, 그럼 벌레 시장이야?
홍비 : 아니, 아니, 시장! 벼룩시장!
엄마 : 홍비야, 친구들하고 벼룩시장을 연다구?
홍비 : 네! 벼룩시장에서 번 돈으로 우리 반 교실에 화재경보기를 달기로 했어요.

씬 3) 엄마까투리 - 말괄량이 로미 (로미 역)

로미 : 이야~~ 재밌겠다! 히히~
나도 탈래. 나도~ 꺄 하하! 하하하하~
오빠! 히히~ 로미 미끄럼틀 탔어! 히히~ 히힛, 미끄럼틀 또 타야지~
다람쥐 오빠, 얼른 기차에 타! 자, 로미 기차 출발~

씬 4) 엄마까투리 - 말괄량이 로미 (다람쥐 역)

다람쥐 : 로미야~~ 헥 헥 헥~
아고~ 혼자가면 어떻게?

로미 : 로미 미끄럼틀 탔어! 히히~ 싫어~ 기다리는 건 재미없어!

다람쥐 : 에휴~ 로미가 어려서 그래. 너희가 좀 양보해 주면 안될까? 응?
얘들아~ 그러지 말고 한 번만 더 양보 좀 해줘. 응?

씬 5) 출동! 슈퍼윙스 - 도넛 배달 대작전 (호기, 막심 2인 더빙)

호기 : 난 호기야, 최고로 빠른 비행기지.
막심 : 안녕, 호기? 난 막심이고 이분은 우리 아빠셔.
호기 : 이게 뭐야?
막심 : 이건 카자흐스탄의 도넛, '바우르사키' 야.
호기 : 담디한 냄새가 나네.
막심 : 우주 기지에 계신 엄마께 갖다 드릴 생각이야. 달에 가져가실 수 있게.

씬 6) 놀이공원변신대작전 (하늘, 호기 2인 더빙)

호기 : 하늘이 누나!

하늘 : 구텐 모르겐! 호기!

호기 : 그거...독일어로 아침에 하는 인사잖아. 그렇지?

하늘 : 맞아. 인사말을 기억하고 있어서 다행이야. 오늘도 독일에 가야 하거든. 출동 준비 부탁해~

씬 7) 쥬로링 동물탐정 - 쥬로링 변신! 내가 동물로? (밍밍 역)

밍밍 : (뛰면서) 루루~~~! 루루, 같이 가~!

루루 : 책은 찾았어? 학교에 두고 왔다며?

밍밍 : 찾았어. 괜히 갔어. 가방 안에 있었는데. 이것 봐~

루루 : 아, 다 구겨졌잖아. 학생이 이렇게 책을 구기면 어떡해?

밍밍 : 에이, 또 잔소리야? 안 찢어졌음 됐지 뭐.

루루 : 아무리 그래도..

건 : 비켜, 비켜, 비켜~~~~

밍밍 : 응?

루루 : 어? 어~~

밍밍 : 멈춰~~~~! 어? 흠..

건 : 으아아아아~

밍밍 : 건이 너! 큰일 날 뻔했잖아.

건 : 사돈 남말하시네~ 네가 앞에서 가로막는 바람에 넘어질 뻔 했다구. (공 던지는 호흡)

루루 : 아...

밍밍 : 저 녀석이 정말! 너 오늘 청소당번 아냐? 빨리 놀고 싶어서 청소도 안하고 왔지?

건 : 누가 청소 안했다 그래? 휘리릭 뚝딱 끝내고 왔거든.

미누 : 어어? 그래그래.. 휘리릭 뚝딱.

밍밍 : 휘리릭 뚝딱 좋아하시네. 난 척보면 다 안다구.

건 : 흥!

루루 : 얘들아, 친구끼리 싸우면 어떡해?.

씬 8) 쥬로링 동물탐정 – 쥬로링 변신! 내가 동물로? (건 역)

건 : 비켜, 비켜, 비켜~~~~

밍밍 : 응?

루루 : 어? 어~~

밍밍 : 멈춰~~~~! 어? 흠..

건 : 으아아아아~

밍밍 : 건이 너! 큰일 날 뻔했잖아.

건 : 사돈 남말하시네~ 네가 앞에서 가로막는 바람에 넘어질 뻔했다구. (공 던지는 호흡)

루루 : 아…

밍밍 : 저 녀석이 정말! 너 오늘 청소당번 아냐? 빨리 놀고 싶어서 청소도 안하고 왔지?

건 : 누가 청소 안했다 그래? 휘리릭 뚝딱 끝내고 왔거든.

미누 : 어어? 그래그래.. 휘리릭 뚝딱.

밍밍 : 휘리릭 뚝딱 좋아하시네. 난 척보면 다 안다구.

건 : 흥!

루루 : 얘들아, 친구끼리 싸우면 어떡해?

씬 9) 쥬로링 동물탐정 - 쥬로링 변신! 내가 동물로?
(아이린 역)

아이린 : 발의 상처는 다 아물었는데, 무슨 문제라도 있어?

지수 : 네에.. 제가 보기에도 상처는 다 나은 것 같아요.. 그런데 식욕이 없는지 통~ 못 먹지 뭐예요? 죄송해요. 이렇게 문제 있을 때만 선배를 찾아와서.. 하지만 우리 수의사들은 몸에 난 상처는 고칠 수 있어도..

아이린 : 그건 서로 마찬가지 아닐까? 난 마음의 상처를 돌보는 게 전공이라서, 다른 병은 아예 손도 못 대거든.

지수 : 헤헤 고양이 주인이 그러는 데요, 예전엔 굉장히 장난꾸러기였는데, 지난번에 다치곤 장난도 안 치고 혼자 있는 걸 좋아한대요.

아이린 : 고양이 이름이 뭐지?

지수 : 라일라예요.

아이린 : 라일라, 안녕? 안심하렴. 당분간 여기서 다른 친구들이랑 같이 지낼래?

아이린, 지수 : 하하하하

아이린 : 자아, 라일라, 너희 집이라고 생각하고 편히 지내렴. 너희들 친하게 지내야 한다.

아이린 : 있잖아요, 닥터, 루루랑 밍밍도 어느 정도 컸잖아요. 제

생각엔 이제 슬슬 알려줄 때가 된 것 같은데요. 어떠세요? (웃음)
그럼, 닥터, 제가 출장 가 있는 동안 부탁 할게요.

씬 10) 까투리와 함께하는 감염병 예방 캠페인

까투리와 함께하는 감염병 예방 수칙.
흐르는 물에 비누로 30초 이상 손을 씻어요. 기침할 땐 손 대신 옷 소매로 가려요. 씻지 않은 손으로 눈, 코, 입을 만지지 않아요. 기침이 나면 마스크를 쓰고 다녀요. 감염병 의심 증상이 나타난 다면 1339 질병관리본부 콜센터로 연락바랍니다.

EBS

EBS는 2년에 한 번씩 전속 성우를 모집하는데, 남녀 합쳐서 3~4명 정도 뽑아요. 1차 시험은 미리 공개된 단문을 녹음해서 MP3 파일로 제출해요.

시험문제는 애니메이션이나 영화의 한 장면에서 나와요. 아역, 청소년, 노역, 해설 등 여러 목소리로 연기할 수 있어야 해요.

대원방송

대원방송은 매년 남자 3명, 여자 3명 정도 모집해요. 1차 시험은 미리 공개된 단문을 녹음해서 MP3 파일로 제출해요.

시험문제는 애니메이션에서 나오는데 캐릭터의 특징을 제시해서 여러 캐릭터를 잘 표현하는지 살펴봐요. 캐릭터를 표현하는 것은 성우 연기 과정 중에서 가장 높은 수준이에요. 연기 공부를 많이 해야 하죠.

투니버스

투니버스는 2년에 한 번 남자 3명, 여자 3명 정도 채용해요. 1차 시험은 미리 공개된 단문을 녹음해서 MP3 파일로 제출해요.

시험문제는 애니메이션에서 나오고 캐릭터에 대한 설명은 없어요. 캐릭터보다는 잘 할 수 있는 연기를 보여주는 것이 중요해요.

다음은 투니버스의 9기 전속 성우 채용 시 실제로 출제되었던 문제입니다.

투니버스 9기 전속 성우 1차 실기시험 문제

녹음 가이드
- 괄호 안의 지문과 번호를 제외한 모든 문항(1~5번)을 녹음하십시오.
- 번의 활용 안에는 자신의 이름을 넣어 정확히 읽어주십시오.
- 연기설정은 괄호 안의 지문과 대본 내용을 참고로 하고, 나머지 상세한 설명은 자유입니다.
- 목소리도 자유롭게 설정하며, 되도록이면 가장 편하고 자신 있는 톤으로 해주십시오.

주의사항
- 시험 문제발의 파일을 나누지 말고 번호부터 5번까지 하나의 mp3 파일로 만들어서 CD에 데이터 형태로 넣어 주십시오. USB나 외장하드 등 기타 저장매체로는 접수 불가합니다.
- 오디오 CD 역시 접수 불가합니다.
- 파일 이름은 자신의 이름을 적어주십시오.
- 문항 이외의 그 어떤 추가적인 녹음 (개인기, 다른 연기, 자기소개 등등)을 남기거나 기재하실 경우에는 시면 바로 실격처리 됩니다. 주의하십시오.
- 녹음된 파일은 컴퓨터 오디오재생프로그램으로 확인해주시고, 파일 오류로 인한 재생 불가의 경우 실격 처리됩니다.
- 모집 요강에 나온 접수 날짜와 시간을 반드시 준수해주십시오.

〈남자 1차 시험문제〉

1. 투니버스 9기 전속 성우 모집 1차 실기시험에 응시하는 ( )입니다.

2. (죽어가는 남성)
아하.. 난 그냥, 적당한 가정과 하면서 적당한 온도 벌어서, 미인도 호박도 아닌 평범한 여자랑 적당히 결혼하고, 애나 적당히 둘 낳고 싶었는데.. 자식들 그만 은퇴해서 유유자적한 생활을 즐기다 아내보다 먼저 늙어 죽는, 그런 인생을 살고 싶었는데 말야. 어울리지도 않게 나서는 바람에.. 그냥 평범하게 살을 끝내고 싶었는데. 귀찮은 짓을 해버렸어.

3. (증오의 대상에게)
9년이야. 달 기지에 홀로 남겨진 9년 동안 내 너희를 향한 증오로 고통스럽기만 했는데. 지금은 어느새 괘감에 가까워졌어. 몸이 마구 떨려올 정도야. 후후후.. 이 기분은 마치, 마치, 사랑에 빠진 여자아이 같애. 내 너희하고 마주치고 있을 때만 특히 더 실감하게 돼. 지금 살아있다는 걸 말이야.

4. (비행기에서 옆자리 사람에게 호들갑 떨며)
이 비빔밥 진짜 맛있지 않아요? 전 5분이면 새 그릇도 더 먹을 수 있거든요. 헤헤. 실은 제가 1년 동안 아프리카에 출장 나가있었는데 그 동안 한국 음식이 어찌나 먹고 싶던지~ 네? 왜 처음 보는 사람한테 이런 얘기를 하냐고요? 에이! 옆자리 앉았음 원래 다 친구 아네요? 우하하 (배드록 걸며) 반갑

138

KBS

KBS는 매년 여자 4명, 남자 4명을 모집해요. 1차 시험은 미리 공개된 라디오드라마 연기 대본을 녹음해서 MP3 파일로 제출해요. 드라마니까 자신의 목소리로 자연스럽고 편안하게 연기하면 돼요.

2차, 3차는 KBS 스튜디오에서 연기시험을 봐요. 애니메이션 문제는 나오지 않고 역시 드라마 대본이 시험문제로 나와요. 그래서 가끔 성우 공부를 하지 않고 연극을 했다거나, 일반 배우연기만 했던 사람도 성우시험에 합격하기도 해요.

초등학생의 진로와 직업 탐색을 위한 잡프러포즈 시리즈 08
성우는 어때?

2022년 7월 11일 | 초판 1쇄
2023년 6월 1일 | 초판 2쇄

지은이 | 김지혜
펴낸이 | 유윤선
펴낸곳 | 토크쇼

편집인 | 박성은 · 박지영
표지 디자인 | 이민정
본문 디자인 | 스튜디오제리
마케팅 | 김민영

출판등록 2016년 7월 21일 제2019-000113호
주소 | 서울시 서초구 나루터로 69, 107호
전화 | 070-4200-0327
팩스 | 070-7966-9327
전자우편 | myys327@gmail.com
ISBN | 979-11-91299-61-8 (73190)
정가 | 13,000원

이 책의 저작권은 저자와 출판사에 있습니다.
서면에 의한 저자와 출판사의 허락 없이 책의 전부 또는
일부 내용을 사용할 수 없습니다.